DISCOURS

PRONONCÉ LE 17 FÉVRIER 1867

PAR M. PEYRE

PASTEUR DE L'ÉGLISE RÉFORMÉE DE FONTAINEBLEAU

SUR LA TOMBE DU JEUNE FRANCK

MORT ET INHUMÉ A BOURRON

(Seine-et-Marne).

N. B. Cet opuscule ne se vend pas ; seulement on ose prier les lecteurs de se souvenir que le Conseil presbytéral de Fontainebleau a voté l'érection d'un temple, et que les moindres dons envoyés pour cet objet seront reçus avec reconnaissance, soit par le Pasteur, 9, rue des Bois, soit par le Trésorier, 20, rue Saint-Merry, à Fontainebleau.

FONTAINEBLEAU
IMPRIMERIE ET LITHOGRAPHIE ERNEST BOURGES

1866
1867

A MONSIEUR LORENZO COURANT

Maire de Poissy (Seine-et-Oise).

C'est à vous que je dédie ce discours. Vous y trouverez l'expression de principes qui vous sont chers. Faites-moi l'honneur d'agréer ce témoignage sincère d'un respect profond et d'une affection toute filiale.

E. PEYRE.

PRÉFACE

Ce qu'on va lire est si défectueux par la forme et par le fond, qu'on s'étonnera de le voir publié. On sera bien aise d'apprendre que l'auteur s'étonne lui-même de son courage. Courage n'est pas le mot. Résignation serait plus juste. Comme on témoignait de divers côtés le désir de lire les paroles qu'on avait entendues, j'ai dû, pour satisfaire à ces demandes, recourir aux bons offices de l'imprimeur. Un motif d'un ordre plus élevé est venu fortifier ma résignation. Les paroles sorties de ma bouche le 17 février étaient bien moins un discours qu'une action. Des faits rendus publics, et une polémique engagée dans la grande presse (1), ont contribué à donner quelque éclat à cette action. Pour la continuer et pour l'étendre, j'ai voulu écrire ce que j'avais dit.

On a pu lire la polémique. Voici le résumé des faits : le 22 janvier dernier, M. le maire de Bourron cédant à des suggestions (2) dont l'auteur s'est tenu, se tient et probablement se tiendra dans l'ombre, fit ensevelir le corps du jeune Franck dans ce coin du cimetière affecté, malgré la défense des lois, aux sépultures des suicidés et des suppliciés. On faisait ainsi expier à un enfant de dix mois le crime d'être né d'une mère protestante ; quant au père, il était catholique avant ce triste jour. — Voilà ce qui se passait à Bourron le vingt-deuxième jour du premier mois de l'an de grâce mil huit cent soixante-sept. Paris est à quinze lieues de Bourron et d'abord n'en a rien voulu croire. La géographie est brutale. Le pasteur insista, sup-

---

(1) Douze journaux politiques ou religieux ont raconté le fait du 22 janvier, et tous n'ont qu'une opinion.

(2) M. Guizot, dans son *Dictionnaire des synonymes*, définit ainsi le verbe suggérer : « A la lettre, *porter dessous, en dessous*, fournir tout doucement à quelqu'un ce qui lui manque, lui mettre pour ainsi dire sourdement dans l'esprit ce qui n'y vient pas. » — Dessous ! En dessous ! Tout doucement ! Sourdement ! C'est bien cela !

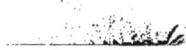

plia, protesta et finit par déférer cet acte violent et arbitraire aux magistrats supérieurs (1) et à l'opinion, qui est le premier fonctionnaire (2) public de l'époque. Ce double appel fut entendu, et la réparation fut entière. — (Voir page 15, l'article intitulé : *Prise de possession*, etc., etc.)

On se sent heureux de vivre dans un temps où la loi est impartiale, le juge esclave de la loi. En ce siècle, sous ce règne surtout, les huguenots, comme on les appelait jadis sans parvenir à tacher le nom, sont vraiment citoyens : soumis aux obligations communes, régis par le droit commun. Ce principe écrit dans la loi en 1789, par la rude main de la révolution, est pour jamais devenu fait. Malgré certains regrets et certains vœux obscurs, la France ne reverra plus ces jours à jamais déplorables où l'impur mari de la veuve Scarron, Louis XIV, expiait ses débauches et ses adultères par la proscription de ses sujets. La bienveillance mutuelle, le respect des droits et des convictions fondent parmi nous leur empire sur le suffrage universel. A mesure que s'évanouissent les dernières ombres du passé, nous voyons s'élever sur l'horizon du monde moderne, en confondant leur lumière, deux astres étincelants : l'amour et la liberté. La source des rayons est au foyer de l'Évangile.

C'est l'Évangile qui apprend aux chrétiens protestants à vous aimer, chrétiens catholiques, mes frères. Ces lignes sont l'œuvre d'un homme qui se plaît à vous respecter, qui s'honore de ses relations avec vous, qui se sent fier et heureux, moins encore pour sa religion que pour son pays, de voir éclater votre indignation contre tout attentat à la liberté de conscience. Ministre de Jésus-Christ je vous remercie au nom de notre maître. Son sang coula pour éteindre les haines ; il aurait coulé en vain si des paroles d'amour et de conciliation ne tombaient pas des lèvres de ses serviteurs. La charité, sans doute, n'est pas toute la vérité. Mais tout ce qui sert la cause de la charité, sert la cause de la vérité.

---

(1) La scène de Bourron a eu lieu quelques jours avant l'arrivée de M. le vicomte de Vesins, préfet du département de Seine-et-Marne, successeur de M. de Lassus.

(2) « Marchez à la tête des idées de votre siècle, ces idées vous suivent et vous soutiennent ; marchez à leur suite, elles vous entraînent ; marchez contre elles, elle vous renversent. » Napoléon III. — Or, les idées du siècle, c'est l'opinion publique.

Fontainebleau, le 2 mars 1867.

DISCOURS [1]

Messieurs,

Mes Frères,

Si, dans ce jour, l'émotion surmontait mon âme et se traduisait dans ma parole par quelque effervescence, peut-être serais-je excusable, et vous-même, invoquant en ma faveur des raisons puissantes, vous ne me laisseriez pas solliciter longtemps le pardon de mes excès de langage. Mais j'espère ne pas avoir à implorer ce pardon. J'espère ne pas oublier que tout me fait un devoir d'être calme : la dignité de mon ministère, la nature de cette cérémonie, la gravité de certaines circonstances, la présence d'un père en deuil, la pensée d'une mère absente qui s'accuse comme d'une faute de la défaillance de ses forces, la promptitude de l'autorité supérieure à faire exécuter la loi, votre empressement sympathique à répondre à une invi-

---

[1] Le dimanche 17 février, plus de mille personnes venues de Paris, de Fontainebleau, de Moret, de Nemours, de Barbizon, de Grez, de Villiers, et surtout de Bourron, s'étaient réunies à Marlotte, vers les trois heures de l'après-midi, autour de la maison où l'enfant était mort moins d'un mois auparavant. Cet immense cortége s'est acheminé vers Bourron, situé à deux kilomètres de Marlotte, et s'est dirigé vers le cimetière. En tête marchaient deux pasteurs et M. Franck père. Sur la fosse les deux ministres de l'Église réformée ont pris la parole. Le président du Consistoire leur avait partagé la tâche. Il avait délégué M. le pasteur Bouvier, de Meaux, pour célébrer le service funèbre ; le soin de prendre possession du cimetière protestant était confié au pasteur de Fontainebleau. La cérémonie a commencé par la lecture des premiers versets du chapitre IV de l'épître de saint Paul aux Éphésiens.

tation qui, par sa nature exceptionnelle, vous a paru avoir toute l'autorité d'un commandement, — et par-dessus tout l'indignation spontanée de deux millions d'hommes, qui se propage encore en Europe, et va semant sur son passage, — dans un étroit sillon, — la sainte et immortelle semence de la justice et de la liberté.

Obligé au calme par ce que je vous dois, par ce que je dois à la douleur, par ce que je dois à la mort, par ce que je dois à la société dont les ministres ont fait justice, je suis certain de ne jamais dépasser les bornes d'un langage contenu. Mais je ne puis trop le dire, à défaut de tous ces motifs, il en est un qui suffirait à lui seul pour apaiser l'irritation involontaire, effet inévitable des abus de pouvoirs : — c'est l'arrêt prompt et sans appel de l'opinion publique. Les sentences de ce grand juge portent avec elles je ne sais quoi de bienfaisant et de réparateur. Étouffée dans un cœur d'homme, l'indignation peut le briser, mais en se répandant au dehors, en s'étendant de proche en proche, elle semble perdre tout ce qu'elle a de violent et de destructeur. Ce n'est plus une flamme qui consume : c'est une lumière qui éclaire ; et tandis qu'à ces vives clartés le monde apprend à mieux discerner le juste de l'injuste, le chœur immense des voix indignées forme une seule voix qui monte à la voûte du ciel, se confond avec la voix de l'éternelle justice, et de ces hauteurs suprêmes retombe comme une rosée consolatrice sur les âmes ulcérées des victimes et des affligés. Je me souviendrai que la France nous a donné cette satisfaction-là, et je parlerai avec modération.

Pour être fidèle à cette déclaration autant que pour rassurer certaines appréhensions et calmer certaines inquiétudes, je promets de ne point jeter ici de blâme sur les personnes, de ne pas chercher quels motifs ont pu les faire agir, — de ne pas faire un procès aux auteurs du fait du 22 janvier (1). Une chose bien plus importante m'oc-

---

(1) Si quelqu'un me prête l'intention d'attaquer, même indirectement, M. le maire de Bourron, il se trompe, et je ne me sens pas animé d'un esprit de représailles. Je respecte le caractère sacré du magistrat. L'esprit de l'Évangile n'a rien de commun avec l'irrévérence ou la vengeance ; et l'on servirait mal la cause sainte de la liberté religieuse en flattant ces mauvais instincts d'insubordination qui sont au fond de l'âme. C'est à la partie supérieure, non à la partie méchante de l'être humain, que toute parole évangélique doit faire appel.

cupera : le *fait* en lui-même. Qu'importe le reste ? L'essentiel pour nous c'est de savoir quel principe domine le fait, — non pas seulement le fait particulier, mais en général, l'acte d'exclure du cimetière commun, je veux dire de la portion honorée du cimetière, toute une classe de personnes à cause de leur religion ou de leur état religieux. Ainsi j'écarte ce qui est local et personnel ; je retiens un simple fait, — c'est mon droit, — pour examiner la nature de ce fait généralisé, c'est-à-dire de tous les autres faits semblables.

Cela dit, je déclare ces faits mauvais comme contraires à la loi civile, contraires à la loi chrétienne, contraires au bon sens et à la justice naturelle, contraires aux vœux les plus légitimes du dix-neuvième siècle.

Quel est le fait particulier ? Il vous est connu. Le 22 janvier, le jeune Franck était déposé, à cause de sa religion, — la religion de sa mère, — dans un endroit réservé alors dans le cimetière aux sépultures des suicidés et des suppliciés. De quel lieu s'agit-il ? D'un lieu soigneusement séparé de la terre bénite, — lieu souillé, déshonoré, maudit, — sorte de voirie où les cadavres sont recouverts de terre parce qu'il faut bien leur rendre ce devoir sous peine de s'exposer aux rigueurs du Code pénal et de compromettre la santé publique, — lieu abandonné des prêtres, ces messagers de charité, — lieu où ne figure point l'image bénie de la croix, comme si Dieu avait cédé au démon tous ses droits sur ce coin de terre, et qu'après Dieu l'espérance eût abandonné ces tombes, lieu non de repos, mais d'ignominie, où l'on force (1) quelquefois les familles, surtout les pauvres, à déposer un frère, un époux, un père, une mère, sans égard pour la douleur ni pour les liens les plus sacrés qu'on brise audacieusement par une sacrilège intolérance.

Et il y a des familles qui supportent cet affront en silence ! Et personne ne se révolte au nom de la loi ! — Eh bien ! ce que ne font pas des

---

(1) On dira qu'on ne le fait pas toujours. Je réponds : Si la règle est de le faire, les exceptions font paraître l'injustice de la règle. Une telle règle doit être absolue. — Si la règle est de ne pas le faire, les exceptions sont doublement odieuses. — Dans les deux cas, si la règle est juste et équitable, pourquoi l'exception ? — Si l'exception est fondée sur la justice, pourquoi la règle ?

familles trop soumises, nous, protestants, nous le ferons. Nous crierons : Cela est contraire à la loi ; nous voulons être honorés jusque dans la tombe. Le dernier de nos droits de citoyen, celui qui s'attache à notre cadavre pour ne périr qu'avec le dernier atôme de notre poussière, c'est le droit à l'honneur ; nous voulons reposer dans la société des morts honorés, après avoir vécu dans la société des vivants honorés. Morts ou vivants, l'exil nous est amer. Nous voulons, en mourant, emporter la certitude que les plis du drapeau de notre grande patrie flotteront sur nos tombeaux. La loi nous accorde, non ce privilége, mais ce droit. Nous invoquons la loi. Et nous l'invoquons sans avoir l'intention d'opprimer la liberté des autres au nom de notre liberté ! Catholiques, vous avez le droit d'être ensevelis avec vos co-religionnaires à l'exclusion des sectateurs d'un autre culte, — parce que de cette exclusion ne résulte point de tache, point d'ignominie pour les exclus. Mais déposer (1) le cadavre d'un protestant, d'un suicidé ou d'un israélite, dans un lieu déshonorant, je vous conteste ce droit, la loi française à la main. Eh! s'il fallait tolérer ces empiètements sur les droits de Dieu, qui peut prévoir ce qu'on nous obligerait bientôt à tolérer encore ? Nos yeux verraient reparaître votre lumière affreuse, jours d'excommunication, d'anathème et d'insulte, où les intelligences asservies et les corps torturés, et les cadavres des suicidés traînés sur la claie, étaient de patentes et sanglantes preuves de la toute-puissance du droit canonique.....

Messieurs, ne me prêtez pas le dessein de réveiller des souvenirs d'horreur en faisant planer sur vos têtes les ombres livides des martyrs et recueillez avec moi l'enseignement de l'histoire. Elle nous apprend à détester toute intolérance ; son scalpel met à nu les vrais principes des actions humaines, et par elle nous apprenons de quelle source infernale découlent ces exclusions blessantes —

---

(1) « On ne saurait contraindre les sectateurs d'un culte indépendant à enterrer leurs morts dans la partie du cimetière qui est considérée comme une espèce de voirie, et imprime à ceux qui y sont déposés un caractère de délaissement et de flétrissure. Une pareille mesure, qui aurait pour résultat de produire une vive irritation, est positivement contraire à l'esprit de la législation civile et aux instructions sur la matière. » (Billault. — *Bulletin de l'Intérieur*, 1857. — 67e décision).

vieux restes de persécutions impies. — Égalité! égalité! ce mot résume tous nos droits; nous invoquons *l'égalité*, que dis-je, nous la possédons et nous ne souffrirons pas qu'on élève d'obstacles entre nos droits et nous.

L'égalité sera-t-elle donc toujours une chose si vieille et si nouvelle? Il y a bientôt dix-neuf siècles, le principe d'égalité fut posé dans la loi chrétienne le jour même où le Christ fut attaché à la croix. Hommes d'exclusion et d'intolérance ignorez-vous la signification et l'enseignement de la croix? Elle nous enseigne que le fils de Dieu a choisi le plus infâme gibet pour y mourir, montrant par là qu'il n'est point d'homme assez infâme — fût-ce même le dernier des scélérats — qui ne puisse, repentant et pleurant, avoir part au pardon de son Dieu. Que dites-vous de cette doctrine? Encore si le fils de Dieu était mort sur un trône!... mais il est mort sur la croix, — en un lieu maudit — entre deux brigands — pour faire savoir au monde que l'œuvre d'un Dieu n'est point d'anathématiser le coupable mais de sanctifier la corruption même. Or, devant la croix, où souffre assimilé aux malfaiteurs insignes le plus saint de tous les hommes, dites-nous par quel raisonnement, par quel prétexte, par quelle parole du Sauveur vous pourrez justifier vos exclusions? Parlez, serez-vous plus sévères, plus délicats que Dieu? Serez-vous plus offensés de nos infirmités morales que celui qui disait: « Venez à moi, vous tous. » Il a dit: *vous tous*; l'avez-vous entendu? Point d'exclu, point de proscrit, point de paria. Et si Jésus fait une exception, c'est pour les hypocrites qui mettent sur les épaules de leurs semblables de lourds fardeaux qu'eux-mêmes se dispensent de porter. Au nom de ce Sauveur qui est mort pour tous, pour nous comme pour vous, abolissez en vos cimetières des distinctions aussi évidemment contraires à l'Évangile. J'ajoute, contraires au bon sens et à la justice naturelle!

J'en appelle à vous, Messieurs et mes Frères. Tous les jours de votre vie, n'êtes-vous pas mêlés aux protestants, soit pour travailler la terre, soit pour payer à l'État l'impôt du sang, soit pour exercer les métiers, soit pour cultiver les lettres et les arts, soit pour négocier, soit pour former des associations de charité, soit pour contracter des mariages, soit pour administrer, soit pour obéir ou pour commander? Et il serait permis à quelqu'un d'aller prendre les cadavres de vos amis, de vos épouses, de vos collègues, de vos magistrats, de vos généraux protestants (et ce que je dis des enfants de la réforme je le dis des enfants d'Israël, peuple cher et vénéré consacré autrefois par la persécution), pour les jeter à la voirie? A la voirie! quoi? ceux qui, debout à vos côtés, ont supporté tout le poids de la vie sociale, ou même partagé avec vous les souffrances de la vie intime, mêlé leurs larmes à vos pleurs, contribué peut-être à faire éclore sur votre sentier ces rares et intermittentes joies, qui ont embelli comme des fleurs votre carrière terrestre. — A la voirie! ceux qui recherchaient votre estime, ambitionnaient votre affection et vous offraient la leur. — A la voirie! ceux qui auraient donné leur vie pour vous, à qui vous auriez donné la vôtre! Vous leur ouvriez avec bonheur les portes de vos maisons ; vous leur fermerez la porte de vos cimetières? vous jetterez leurs cadavres dans le coin maudit? vous ferez reposer le déshonneur sur la tombe de ceux qui ont été à la peine avec vous pendant la vie!!! Laissez-moi vous le dire. Mille fois j'ai été contristé d'entendre prononcer et de voir exécuter certaines sentences de bannissement, non-seulement contre les protestants, mais même contre les catholiques morts de mort violente. Un malheureux soldat est tué en duel : — à la voirie ! — Il est coupable, je le sais ; mais tout jugement est remis à Dieu. C'est à moi, dit l'Éternel, qu'appartient la vengeance. A lui appartient également le droit de grâce. Rempli de cette pensée, parlez, ministre du Seigneur, tonnez même contre une action réprouvée par la loi divine. Mais gardez-vous de rien faire qui puisse déshonorer aux yeux des hommes ce défenseur de la patrie, parce que sa vie qu'il a perdue au plus barbare des jeux, il l'eût cent fois risquée dans une bataille pour sauver celle de ses chefs et de ses compagnons d'armes, ou pour préserver, en faisant de son cœur vaillant un rempart à la France, la vie de vos femmes, de vos enfants, et de ces mêmes citoyens qui, revêtus du caractère sacerdotal, infligent au suicidé une flétrissure posthume. — Un scélérat meurt sur l'échafaud (1) : — à la

---

(1) Le supplicié dont le corps est réclamé par sa famille a beau avoir reçu l'absolution : on l'enterre dans l'endroit isolé.

voirie ! Mais il n'a pas repoussé le prêtre ; mais il s'est confessé ; mais il a reçu l'absolution ; mais il a incliné son front dans la poudre, et il a reçu les sacrements de l'Église avant de livrer sa tête au fer de la justice humaine et de payer sa dette envers la société. Pourquoi donc isolez-vous la tombe du malheureux ? Quelle est cette contradiction ? quel est ce luxe infini de distinctions et d'exclusions ! Doit-on deux fois expier son crime ? l'Église n'a-t-elle pas absous ? Êtes vous donc insatiables de punition et altérés de vengeance, que vous ne laissiez pas dormir avec les autres hommes cet être coupable sans doute, mais dont Jésus-Christ a expié le crime — avec le vôtre et sur la même croix ?

Abolissez donc, abolissez ces distinctions odieuses et entachées d'absurdité.

Abolissez-les comme contraires aux vœux et aux tendances les plus prononcées et les plus légitimes de notre siècle.

Ce siècle, Messieurs, est un siècle vengeur. Il s'est donné la noble tâche de flétrir toutes les oppressions, de réhabiliter tous les martyrs des causes justes, de prêter sa voix à tous les faibles qu'on persécute, de prêcher du haut de la tribune universelle la tolérance, l'égalité, la liberté de conscience. Tandis que d'autres siècles ont dit : Honneur au bourreau ! malheur au martyr ! Ce siècle dit : Honneur au martyr ! malheur au bourreau ! Ce siècle veut que les hommes se respectent et s'aiment entre eux sous tous les costumes, à travers toutes les distances, et il vient de nous le prouver avec éclat, vous le savez.

Paris, le cœur vivant de la France, Paris où toutes les saintes idées et tous les nobles sentiments du siècle, trop faiblement murmurés, sinon muets dans les provinces, prennent une formidable voix capable d'ébranler le monde, Paris s'est ému du fait du 22 janvier. Paris a voulu savoir en quel lieu reculé de l'Afrique s'était passée cette scène étrange... et Paris s'est étonné de voir ce lieu tout près de lui... Mais Paris s'est trompé s'il a pris pour la manifestation de vos sentiments ce qui n'était qu'un effet déplorable, une application bien inattendue du droit canonique... Vous avez protesté, Frères, vous protestez encore en cet instant même par votre grand nombre, par votre recueillement, par votre sympathie. Habitants de Bourron, mes nobles compatriotes, merci ! et que Dieu vous rende le bien que votre présence fait à nos cœurs.

Je le vois bien mes amis, vous n'êtes pas les adorateurs d'un passé bien mort, temps odieux de violence et de sang. Vous êtes de votre siècle. Et votre siècle, dont je suis loin de méconnaître les tendances excessives, l'incrédulité railleuse, les vices, les penchants matérialistes, votre siècle est évangélique lorsqu'il réclame la même liberté et la même égalité que le doigt sanglant du Christ inscrivit sur les fondements du monde nouveau inauguré par son martyre. Dieu merci, pour pratiquer ce respect des droits et des convictions, qui est dans les instincts du dix-neuvième siècle, il n'est point nécessaire d'appartenir à la religion protestante. Je salue bien des frères parmi les meilleurs et les plus ardents catholiques. A côté de ce petit catholicisme étroit, mesquin, méticuleux, exclusif, insulteur (1), violent, intolérant, digne d'être banni de nos mœurs à perpétuité, fleurit un catholicisme sincère, large, libéral, évangélique, qui inscrit le nom de Jésus sur son drapeau. Ce catholicisme, le père Hyacinthe le prêche en ce moment dans une chaire illustrée par le père Lacordaire. Et voilà pourquoi, moi chrétien et protestant, je dis à ce grand chrétien catholique qui se nomme le père Hyacinthe : Frère, vous êtes juste et courageux : vous nous appelez « vos auxiliaires » et vos paroles tombent de haut. Vous avez raison ; je vous tends la main ; à travers bien des convictions différentes et bien des principes opposés, nous avons la même devise, la même bannière, la même conviction, et par l'ordre d'un vénérable et généreux archevêque, vous prêchez sous les voûtes de Notre-Dame ce qu'on prêche dans nos temples : le Christ, la Foi, la Liberté.

Le Christ, salut du monde ;

(1) Il se personnifie en M. Veuillot, qui en est le défenseur avoué. On peut juger du défenseur par la défense et de la cause par le défenseur. C'est ce catholicisme qui conserve l'espoir de ramener parmi nous le temps où, pour convertir un hérétique, les missionnaires appelaient à leur aide une ou deux faibles raisons et trois ou quatre dragons robustes. Il y avait çà et là des huguenots qui cédaient à la persuasion. C'est encore ce catholicisme qui flétrit du nom de « pestes » les sociétés de francs-maçons et les sociétés bibliques, avec raison, car pour ce catholicisme la diffusion des lumières et de l'Évangile est un véritable fléau.

La foi, moyen d'avoir part au salut ;
La liberté, condition nécessaire pour accepter, professer et propager sa foi. Programme glorieux pour lequel nous avons souffert !

Frères, je finis en vous adressant une prière au nom de notre commun Sauveur et Maître. Vos pères ont été nos persécuteurs, et par notre résistance nous fûmes les conservateurs de la liberté de conscience. Par nous la liberté fut sauvée. Tranquilles aujourd'hui, sous l'égide de cette liberté enfantée par le christianisme, sauvée du naufrage par le protestantisme, protectrice des sociétés qui la protégent, nous vous en conjurons, devenez nos collaborateurs, adorez le pur Évangile : la société sera sauvée. Amen !

PRISE DE POSSESSION DU CIMETIÈRE PROTESTANT

Après une courte pause, le pasteur a repris la parole :

J'ai maintenant à prendre possession du cimetière protestant. Après l'acte du 22 janvier, on pouvait choisir entre deux moyens pour obtenir la plus juste des réparations. Ou bien l'enfant devait être exhumé, ou bien le carré illégalement affecté aux sépultures des suicidés devait disparaître du cimetière communal. Un arrêté municipal avait, il y a vingt ans, assigné à ce carré une destination injurieuse pour les citoyens, proscrite comme telle par la loi. Un arrêté municipal devait abolir et supprimer cette destination. C'est ce qui a été fait. Mais afin que le principe posé se transforme en fait, afin que cette purification légale ne soit pas un vain mot, nous demanderons en temps et lieu, aux plus considérés parmi vous, de déclarer en bonne forme, qu'ils veulent être ensevelis dans la moitié restée libre de cet ancien carré des suicidés dont les sépultures protestantes occupent une moitié. (Interruption... plusieurs voix dans l'auditoire : *Moi ! moi !*) La portion polluée du cimetière ayant été déclarée pure et restituée au cimetière commun, un second arrêté est intervenu pour affecter aux sépultures protestantes une portion de ce qui était autrefois un lieu réprouvé. Je vais donner lecture des deux arrêtés municipaux qui portent la date du 8 février.

Après cette lecture le pasteur a dit :

En conséquence,

Religieusement et civilement :
Au nom de Dieu qui ne fait acception de personne ;
Au nom de la loi qui est impartiale ;
Au nom de l'Empereur Napoléon III, dont le sceptre est un sceptre d'équité ;

Ecclésiastiquement :
Au nom du vénérable Consistoire de Meaux, et de notre conseil presbytéral, nous Élie-Étienne-François Peyre, pasteur de l'Église réformée de Fontainebleau, nous prenons publiquement possession du cimetière protestant de Bourron, et nous déclarons ce lieu terre honorable et sacrée.

Et vous Louis Franck, enfant flétri par les hommes et réhabilité par les lois, reposez en paix dans votre innocence. Si votre vie a été bien courte, votre mort du moins n'aura pas été inutile. Dieu a reçu votre âme, et votre mère, encore inconsolable, se consolera peut-être un jour de votre perte par la pensée cruelle et douce tout ensemble, que selon l'expression de l'Écriture sainte, quoique mort vous avez parlé. Je plante sur votre tombe le drapeau de la liberté de conscience.

FIN

www.ingramcontent.com/pod-product-compliance
Lightning Source LLC
Chambersburg PA
CBHW071447060426
42450CB00009BA/2322